Lb⁵¹ 4492
A

HISTOIRE
DE LA
RÉVOLUTION
DE 1848

RÉCIT DES ÉVÉNEMENTS

Qui ont signalé la Chute de la Royauté

ET L'ÉTABLISSEMENT

DE LA RÉPUBLIQUE FRANÇAISE

ORNÉ DU PORTRAIT

DE LAMARTINE

PARIS

COMPTOIR DES IMPRIMEURS-UNIS.

— Comon et Cⁱᵉ —

QUAI MALAQUAIS, 15

1848

LAMARTINE

HISTOIRE

DE LA

RÉVOLUTION

DE 1848

La Révolution qui vient de s'accomplir à Paris et le rétablissement du gouvernement républicain en France, sont les faits les plus grandioses qu'aient enregistrés non-seulement les annales de notre histoire, mais encore les annales de la civilisation européenne. On ne saurait faire connaître avec trop de retentissement toutes les circonstances qui ont accompagné cette merveilleuse explosion du sentiment national, cette nouvelle conquête de la liberté, cette inauguration de la souveraineté populaire. Nous recueillons nos souvenirs et nous reproduisons ici, en les complétant, les récits donnés par les principaux organes de la presse périodique (1), afin de tracer le tableau simple et vrai des événements mémorables qui ont signalé la déchéance de Louis-Philippe et la proclamation de la République Française.

Un des plus illustres membres du gouvernement provisoire, avait dès longtemps prophétisé à la tribune de l'ancienne Chambre des députés que les mariages espagnols seraient une cause de ruine pour la dynastie d'Orléans; il aurait pu prédire aussi qu'ils amèneraient la chute de la royauté parlementaire fondée en 1830, après une victoire populaire, d'une royauté bâtarde que bien des cœurs généreux, bien des esprits clairvoyants et sincères n'ont jamais voulu accepter comme *la meilleure des républiques.*

Les mariages espagnols une fois accomplis, les ministres, rénégats de la politique inaugurée sur les barricades de

---

(1) La *Patrie*, le *Constitutionnel*, le *National*, la *Presse*, la *Réforme*, le *Moniteur*, etc.

Juillet, furent entraînés, bon gré mal gré, dans une voie fatalement contre-révolutionnaire, et contraints à reconstituer leurs alliances diplomatiques, à se liguer avec les rois absolus, et à renier leur origine populaire. De là ces manifestes insolents et rétrogrades contre la Diète suisse en faveur du Sonderbund ; de là, surtout, ces mesures odieuses prises pour comprimer le mouvement régénérateur de l'Italie, et venir en aide à l'absolutisme autrichien.

En présence d'une politique si désastreuse et d'une majorité corrompue et vendue, sourde à tous les avis et à toutes les protestations, soumise humblement au bon plaisir royal; les députés de l'Opposition, chargés du précieux dépôt de nos libertés publiques, durent dénoncer hautement, non pas seulement au pays légal, mais à la nation tout entière, les trames coupables du gouvernement pour anéantir l'indépendance des citoyens et des peuples. Nous avons vu la France s'émouvoir à leur voix et frémir d'indignation, au sein des banquets réformistes organisés dans nos principales cités. Cet appel fait à toutes les passions généreuses de la France, ne pouvait manquer d'être entendu. Le roi seul, fier de ses dix-huit années de règne, se confiant à une armée formidable qu'il avait la folie de croire plus dévouée à sa personne qu'à la patrie, excité par la tourbe des courtisans, ces éternels ennemis de tout pouvoir, ferma l'oreille à ces éclatantes manifestations, et conçut la pensée de les flétrir et de les étouffer.

Dès lors la lutte entre la royauté et le peuple était engagée. Les Chambres s'ouvrirent bientôt et les deux partis se trouvèrent en présence. La discussion de l'adresse fut l'objet des débats les plus vifs, les plus passionnés, et souvent les plus éloquents qui soient consignés dans les fastes parlementaires. La majorité ministérielle se crut en droit d'infliger à la minorité réformiste un blâme outrageant, et de la flétrir en lui appliquant ces mots : *Aveugles et ennemis*, désormais célèbres dans l'histoire. En même temps, entraînée par la peur, elle déclarait confisquer le *droit de réunion*, la dernière de nos libertés publiques qui eût échappé au naufrage des institutions libérales fondées en 1830. Un éclatant défi s'éleva de tous les bancs de l'Opposition représentative contre les provocations insolentes de MM. Duchâtel et Hébert. Un banquet immense avait été organisé par les patriotes du douzième arrondissement de Paris; à cette fête avaient été conviés tous les députés réformistes, quelques pairs de France, la garde nationale, les élèves des écoles et les rédacteurs de tous les journaux. C'est cette manifestation imposante que le ministère Guizot résolut de prévenir; il déclara qu'il userait même de la violence pour rendre le banquet impossible, assimilant la faculté de se réunir au fait de l'attroupement, et espérant de faire prévaloir par le droit du plus fort l'illégalité de sa décision.

Le banquet était annoncé pour le 22 février. Dès la veille au soir, plusieurs arrêtés émanant du gouvernement furent affichés dans les divers quartiers de Paris, pour interdire à la garde nationale de s'assembler, pour défendre le banquet, et rappeler les ordonnances de police contre les rassemblements sur la voie publique. En même temps, de nombreux régiments de cavalerie et d'infanterie furent mis sur le pied de guerre, consignés dans leurs casernes, prêts à envahir la capitale au premier signal du ministère. Les députés de l'Opposition, se refusant à prendre la responsabilité d'une collision inévitable entre les citoyens et la force publique, crurent devoir renoncer à la protestation légale et pacifique qu'ils avaient projetée; mais, en même temps, ils résolurent de présenter, et déposèrent en effet, le 23 février, une proposition de mise en accusation du ministère, coupable d'avoir trahi au dehors l'honneur et les intérêts de la France, et d'avoir violé, au dedans, tous les principes consacrés par deux révolutions.

Cette nouvelle attitude de l'Opposition fut loin de satisfaire l'opinion publique. La protestation des députés parut vaine et dérisoire à la majorité des citoyens, qui reconnurent, dès le premier instant, que la négation du droit de réunion portait en germe toute une révolution. Déjà les proclamations du préfet de police avaient excité dans Paris une émotion profonde. L'opinion publique les commentait hautement : l'insurrection était dans les idées : le lendemain elle devint un fait.

Le 22 février, dès six heures du matin, les boulevards présentaient l'aspect le plus animé. Un grand nombre d'ouvriers en costume de travail, des curieux, se dirigeaient vers la place de la Madeleine, qui, comme on sait, avait dû être le rendez-vous des citoyens de toutes les classes ayant souscrit au banquet du 12e arrondissement. Cette multitude sans cesse grossissante n'avait rien de menaçant. La curiosité, l'attente, l'incertitude, telle était l'expression de tous les visages. On ne rencontrait pas un seul sergent de ville en uniforme. Aucun cri, aucun chant patriotique ne s'élevait du sein de la foule. Les soldats du poste de l'hôtel des affaires étrangères, debout sur le seuil de la porte, sans fusils et sans sabres, regardaient passer les curieux. Les élèves des écoles, disposés sur deux rangs et entonnant l'air de *la Marseillaise* et le chœur des *Girondins*, se portèrent vers le palais de la Chambre des Députés, par la rue de Bourgogne, tandis qu'une autre foule compacte débouchait par le pont de la Concorde ; la grille du péristyle fut forcée en quelques minutes et plusieurs personnes pénétrèrent jusque dans l'intérieur de l'édifice, mais un escadron de cavalerie appelé par le général Sébastiani fit évacuer la place et intercepta toutes les rues aboutissant au palais Bourbon. Il paraît qu'une députation d'étudiants, à l'entrée du pont de la Concorde, se vit barrer le passage par un piquet de soldats de la ligne qui croisa la baïonnette et menaça de faire feu. Mais trois ou quatre jeunes gens s'avancèrent et, découvrant leur poitrine, s'écrièrent : « Tirez sur vos frères, si vous l'osez ! » On les laissa passer.

Vers onze heures des masses populaires remplissaient la place de la Madeleine, la rue Royale, la place de la Concorde. A cet instant, on vit déboucher sur la place de la Madeleine de forts détachements du 21ᵉ régiment de ligne. Ces troupes se rangèrent en bataille et occupèrent la chaussée à main gauche de l'église. On remarquait que, dans chaque compagnie, un certain nombre de soldats avaient sur leurs sacs des pioches, des haches, des marteaux d'armes. Des clameurs confuses retentirent ; puis le flot des curieux se porta à travers la place de la Concorde, dans la direction de la Chambre des Députés. A cette heure, l'autorité n'avait point encore placé de troupes aux environs du Palais-Bourbon, qui n'était protégé que par un faible poste. Des cavaliers, envoyés en estafette, traversaient au galop les rangs pressés de la multitude. Les gardes municipaux à pied, qui occupaient le corps de garde du bord de l'eau et celui du Garde-Meuble, s'étaient groupés, sans fusils et les bras croisés, devant les grilles de fer qui protégeaient leurs postes.

Il était à peu près midi. Un escadron de garde municipale

arriva au grand trot, balaya le pont de la Concorde, déboucha sur la place et se forma en bataille, en face de l'obélisque. Un détachement de dragons descendit dans la contre-allée des Champs-Élysées, au grand galop. Des cris : *Vivent les dragons!* éclatèrent sur leur passage. Après avoir parcouru dans toute sa longueur la place de la Concorde, ce détachement vint se placer auprès de l'escouade de la garde municipale. Un escadron de chasseurs à cheval se rangea pareillement en bataille sur la même ligne. Un nombreux état-major, stationné au milieu du pont, présidait à toutes les manœuvres de ces troupes, avec le concours d'un commissaire de police. Une foule considérable se concentra sur ce point. L'encombrement devint extrême. Des sifflets, des huées, des cris, s'élevèrent dans les groupes; quelques pierres furent lancées sur la garde municipale à cheval. Un cabriolet qui contenait deux dames fut arrêté, les dames descendirent et le cabriolet fut renversé. Alors des cavaliers se détachèrent et arrêtèrent cette première tentative de barricade. Plusieurs charges furent exécutées au petit trot par les dragons, qui furent accueillis par des *vivats* et qui ne dégaînèrent pas le sabre. Il n'y avait point d'irritation bien vive dans les masses ; des estafettes, porteurs d'ordres, partaient dans toutes les directions sans être inquiétées sur leur passage.

Cependant des escouades de gardes municipaux chargèrent. La foule se dispersa aussitôt; mais dans l'une de ces irruptions soudaines, une dizaine de personnes furent renversées. On releva, gisante sur le pavé, une femme d'un âge fort avancé qui, dit-on, avait été tuée sur le coup. Un ouvrier, atteint au cou par le tranchant d'un sabre, fut transporté auprès du café des Ambassadeurs, où sa blessure fut pansée sur-le-champ.

D'autres scènes analogues se passaient sur la place de la Madeleine et devant l'hôtel du ministère des affaires étrangères. Un homme signalé, à tort ou à raison, comme un agent de la police secrète, fut poursuivi de huées et de coups de pierres. Un escadron de cavalerie essaya de le dégager. Un homme du peuple reçut un coup de pied de cheval qui lui fit à la tête une large plaie. — Devant le ministère avaient lieu des désordres plus graves ; les portes en avaient été fermées; on essaya de les enfoncer avec des leviers et des bâtons. Des pierres jetées avec force brisèrent des vitres. Des clameurs partaient de tous les côtés. *A bas l'homme de Gand! à bas Guizot!* criait-on dans la foule. Un garde municipal à cheval voulut sortir, sans doute pour porter des ordres. Il fut assailli de pierres et forcé de rentrer au plus vite. Des forces imposantes arrivèrent aussitôt, et, en quelques minutes, l'hôtel des affaires étrangères fut défendu comme une forteresse. Une ligne de soldats, l'arme au pied, occupa la chaussée du boulevard. Le mur du jardin fut garni d'un cordon de troupes, et un piquet de gardes municipaux à cheval vint se ranger devant la porte.

Cependant presque toutes les boutiques s'étaient fermées sur le boulevard. La foule, loin de diminuer, devenait de plus en plus compacte. A trois heures, une assez vive inquiétude y régnait. On s'entretenait avec anxiété de scènes tumultueuses qui venaient de se passer dans les Champs-Élysées. En effet, vers deux heures et demie, un rassemblement de près de 500 hommes, tous en blouse, traversa la place du Carrousel, précédé d'un drapeau, chantant *la Marseillaise* et se dirigeant par la rue de Rivoli vers les Champs-Élysées du côté du Cours-la-Reine. Ils n'avaient point d'armes. Ils construisirent avec des bancs et des chaises deux barricades. Cette scène avait eu lieu pourtant à cent mètres à peine du détachement de cavalerie rangé devant le pont de la Concorde. Ils allèrent ensuite entourer un poste de six hommes qui se trouve en face du Panorama de la *bataille d'Eylau*. Les soldats, brusquement attaqués, n'eurent que le temps de se réfugier dans le poste en fermant la grille. Un ouvrier passa par-dessus cette grille, monta audacieusement le long du mur et se promena sur le toit. D'autres suivirent la même voie et pénétrèrent par l'une des fenêtres du corps de garde. Soit que les soldats n'eussent pas le temps de faire usage de leurs armes, ou qu'ils ne voulussent pas recourir à cette cruelle extrémité, le poste fut occupé par les hommes du peuple, qui y mirent le feu. Plus loin, des collisions avaient lieu sur la place de la Concorde. La garde municipale exécutait des charges à l'entrée des Champs-Élysées. Une pauvre femme fut écrasée sous les pieds d'un cheval; les municipaux ne faisaient usage que de leurs armes blanches; le peuple se défendait à coups de pierres. La troupe de ligne assistait, immobile et l'arme au bras, à ce douloureux spectacle. Plusieurs citoyens furent alors forcés de se précipiter dans les fossés de la place de la Concorde pour échapper à la poursuite des gardes municipaux.

Jusque vers une heure, les boutiques étaient restées ouvertes au Palais-Royal et dans les quartiers environnants; mais à ce moment, un rassemblement de deux ou trois cents individus, la plupart en blouses, se dirigea par la rue Saint-Honoré et la rue Vivienne, vers la place de la Bourse, en chantant *la Marseillaise*. Sur sa route, cette bande trouva, rue Vivienne, une voiture de bois en déchargement, vis à vis de la porte d'un boulanger; un grand nombre des hommes qui la composaient, s'emparèrent des bûches qu'ils prirent sur l'épaule, et chemin faisant ils brisèrent rue Vivienne quelques carreaux du magasin d'un chapelier, qui vend aussi des épées et des sabres; on dit que quelques armes furent enlevées. A l'approche de cette troupe, les sentinelles de la Bourse se replièrent; mais aucune attaque ne fut dirigée contre le monument, et, avant d'arriver au boulevard, la plupart des individus porteurs de bûches les avaient jetées dans la rue. Cette troupe, dont l'apparition resta sans effet sur les cours de la Bourse, se dirigea, par le boulevard, vers la place de la Bastille, et les boutiques se fermèrent sur son passage.

Une scène fort triste avait eu lieu vers une heure et demie sur la place de la Bastille. Un homme ayant été désigné comme un sergent de ville déguisé, avait été frappé à coups de bâton, et avait reçu un coup de couteau dans le côté, à une assez faible distance du corps de garde des municipaux, qui n'intervinrent que quand le malheureux eut été abandonné gisant sur le pavé.

A partir de trois heures, de nombreux essais de barricades furent faits dans les rues de Rivoli et Saint-Honoré, et dans les rues adjacentes. Presqu'en face du ministère des finances, une ligne de pavés avait été soulevée; on arrêtait une ou deux petites voitures, et l'on s'apprêtait à les renverser, lorsqu'une charge de cavalerie dégagea la barricade. Mais, dans le même moment, rue Saint-Honoré, à la hauteur de la rue d'Alger, et sur quelques autres points assez rapprochés, d'autres barricades étaient dressées par les mêmes procédés et bientôt après détruites avec la même facilité. On remarquait, du reste, une sorte de courtoisie de la part des individus qui présidaient à ces opérations, dans la forme des invitations qu'ils adressaient aux personnes qu'il s'agissait de déposséder de leurs voitures ; c'étaient, le plus souvent, des enfants de douze à quinze ans qui renversaient et déplaçaient les pavés à l'aide de barres de fer qu'ils s'étaient procurées dans le voisinage.

Des carreaux furent brisés et une attaque dirigée contre la boutique de l'armurier Prélat, rue Saint-Honoré, près la rue du 29 Juillet; mais, sur sa déclaration qu'il n'avait pas d'armes en état de service, la tentative n'eut pas d'autres suites. Rue de Richelieu, chez Lepage, au coin de la rue Jeannisson, un omnibus ayant été renversé, pendant qu'on dirigeait une attaque contre la boutique, on parvint à entr'ouvrir un des volets à l'aide d'une pesée, à introduire le timon de l'omnibus dans l'ouverture et à s'en servir comme d'un levier. Un carreau fut brisé; on prit des lames de sabres et quelques fusils. Mais une charge de dragons, partis de la place du Carrousel, étant arrivée à ce moment, les pillards prirent la fuite et l'omnibus fut relevé et conduit sur la place du Carrousel. A quelques instants de là, un enfant ayant été rencontré porteur d'un fusil double d'assez belle apparence, un passant lui dit : « Ce fusil n'est pas à toi, tu ne l'as pas payé, il faut le rendre; » et le fusil fut rendu, et remis à un poste de la troupe de ligne.

Cette alerte jeta bientôt la terreur dans le Palais-Royal; les magasins qui étaient encore ouverts furent bientôt fermés, de même que les grilles de la cour d'honneur; les troupes se retirèrent à l'intérieur des grilles, et le poste de la garde municipale du Château-d'Eau rentra dans son corps de garde. En même temps on donnait l'ordre aux fiacres et cabriolets d'évacuer la place du Palais-Royal. L'alarme se répandant de proche en proche, les sergents de ville enjoignirent aux personnes qui se trouvaient dans les omnibus d'en descendre, et aux conducteurs d'aller remiser leurs voitures, afin qu'elles ne servissent pas aux barricades.

Une autre bande qui s'était portée vers l'École polytechnique en cassant les réverbères, fut dispersée par la troupe de ligne. Ces diverses tentatives sur des points éloignés du centre des rassemblements eurent peu d'importance. Un fait plus grave se passa rue Geoffroy-Langevin, où un poste de quelques hommes fut désarmé par environ 200 individus. A partir de quatre heures et demie, le rappel fut battu dans divers quartiers. Les tambours étaient généralement escortés par un détachement de grenadiers en avant, et de chasseurs en arrière. Mais les gardes nationaux ne montrèrent pas un grand empressement à se rendre aux mairies.

Chose assez remarquable, à l'approche de la nuit, qui d'ordinaire est l'heure où le tumulte va en augmentant, on a vu l'ordre se rétablir à peu près sur tous les points qui avaient été dans la journée le théâtre des rassemblements. Cette partie de la ville, à sept heures, avait l'aspect qu'elle offre habituellement vers minuit : toutes les boutiques étaient fermées, à l'exception des cafés, des restaurateurs et des marchands de vin. Le soir on n'entendait que de loin en loin le bruit d'une voiture, et l'on ne rencontrait que de rares piétons. Çà et là cependant, on voyait quelques groupes, à l'angle des places où la troupe stationnait, les armes en faisceau et autour des feux de bivouac allumés. Quelques patrouilles de garde nationale circulaient silencieuses dans ces rues désertes.

Le passage sur la place du Carrousel fut interdit à partir de cinq heures, ainsi que la circulation de la rue Saint-Honoré à la rue de Rivoli, depuis la rue de Rohan jusqu'à la rue de Castiglione.

Cependant les rues Tiquetonne, Bourg-l'Abbé, Grénetat et Transnonain furent successivement occupées par un grand nombre de citoyens, dont plusieurs étaient armés. Ils attaquèrent des détachements de gardes municipaux, mais ils eurent bientôt épuisé leurs munitions. L'engagement le plus meurtrier eut lieu dans une maison de la rue Beaubourg où cinq prisonniers avaient été enfermés. Les insurgés essayèrent de les délivrer : des coups de fusil furent échangés, à bout portant, et il y eut quelques blessés et quelques morts de part et d'autre; mais les prisonniers restèrent au pouvoir de la force publique.

Pendant toute la nuit, une batterie d'artillerie bivouaqua sur le boulevard Bonne-Nouvelle, en face du théâtre du Gymnase; elle était au centre d'un détachement de troupes de ligne, formé en carré, qui stationnait l'arme au pied, sous une pluie battante. Cette mesure avait été prise pour repousser les nombreux rassemblements qui s'étaient montrés à la Porte-Saint-Denis et dans le quartier Poissonnière. Vers huit heures, en effet, une foule d'ouvriers en blouse avaient entouré la Porte Saint-Denis; armés de pinces et de bâtons, ils avaient tordu et déscellé quelques barreaux de la grille qui protége ce monument. Cette bande d'insurgés se porta ensuite vers la rue Beauregard, en vociférant des cris menaçants. Sur son passage, elle s'efforça d'éteindre les becs de gaz, et entreprit d'élever une barricade dans la rue Saint-Philippe ; mais ce projet, sous l'influence peut-être d'une pluie abondante qui survint, fut abandonné presque aussitôt. Pendant toute la nuit, l'agitation fut extrême dans le quartier des Prouvaires et du Marais, et l'on pouvait pressentir déjà de très-graves événements pour le lendemain.

Le 22 au matin, dans les mêmes quartiers, des scènes analogues jetèrent de nouveau l'alarme. Une soixantaine d'hommes en blouse, précédés d'un tambour qui battait le rappel, et sous la conduite d'un individu à longue barbe, qui agitait dans l'air un petit drapeau tricolore, parcoururent le quartier des halles. Ils tentèrent de faire une barricade à l'entrée de la rue des Prouvaires ; mais ils renoncèrent bientôt à leur dessein, à l'aspect d'une escouade de gardes municipaux à cheval, qui longeait la rue Saint-Honoré. Ils se retirèrent en désordre, se reformèrent à la pointe Sainte-Eustache, passèrent devant le poste placé derrière le chevet de l'église, sans chercher à l'attaquer, traversèrent la rue Montmartre, la rue Neuve-Saint-Eustache, et vinrent s'arrêter au bas de la rue Poissonnière. Dans ce long trajet, ils marchaient sans pousser un cri, sans chanter, mais escortés d'une nuée d'enfants. Une dizaine d'entre eux étaient armés de fusils de munition garnis de baïonnettes, ou de fusils de chasse à deux coups. Les autres brandissaient des bâtons ou des barres de fer. Sur leur passage, toutes les boutiques se fermèrent, et les fenêtres se garnirent de curieux. Parvenus dans la rue Poissonnière ils arrêtèrent des voitures, soulevèrent des pavés et se mirent à faire des barricades. Une première barricade fut dressée dans la rue Poissonnière. Une seconde fut faite à travers la rue de Cléry avec deux fiacres, dont les cochers ramenèrent les chevaux dételés. Une troisième dans la rue Neuve-Saint-Eustache. Une quatrième enfin dans la rue du Petit-Carreau, un peu au-dessous de la rue Thévenot, sans aucun empêchement, et en présence d'une foule de curieux.

Vers dix heures et demie, un piquet de gardes municipaux à pied, composé de trente hommes environ, déboucha par la rue de Cléry; les individus qui s'étaient rangés derrière la barricade furent repoussés et se réfugièrent en toute hâte derrière celle de la rue Poissonnière. Pas un coup de fusil ne fut tiré contre les gardes municipaux, soit que les armes des hommes du peuple ne fussent pas en état, soit qu'ils n'eussent point de cartouches. Les gardes municipaux firent feu sur les individus placés derrière la barricade. Trois hommes tombèrent!... Deux avaient été tués raide. Les autres se replièrent sur la barricade de la rue du Petit-Carreau. Les gardes municipaux continuèrent leur route par la rue Neuve-Saint-Eustache, sans les poursuivre. Une demi-heure après, la barricade de la rue du Petit-Carreau fut enlevée à la baïonnette presque sans coup férir.

D'autres tentatives eurent lieu sur divers points dans ce quartier. Dans la rue Bourbon-Villeneuve, une barricade fut formée avec des voitures. Sur la place du Caire, la baraque de bois où se tient le surveillant des voitures de place, fut renversée et placée en travers de la rue du Caire. Toutes les rues avoisinant la rue Montorgueil furent barrées par des fiacres, des camions, des voitures de déménagement. Une autre barricade fut formée avec un énorme tombereau. Cette dernière barricade fut enlevée par des gardes municipaux, qui ne rencontrèrent pas de résistance mais tirèrent cependant quelques coups de fusil.

A ce moment, des forces considérables arrivèrent et occupèrent tous ces différents points. Un détachement de troupe de ligne, guidé par un maréchal de camp, se rangea au bas de la rue Poissonnière. Des cris de *Vive la ligne! Vive le général!* partirent de tous les groupes. On n'eut qu'à se louer, du reste, des précautions pleines d'humanité que prirent les soldats pour repousser la foule et pour rétablir la circulation des rues. Un déploiement de troupes non moins imposant avait lieu dans le quartier des Halles, où régnait depuis le matin une assez vive agitation. Des soldats, échelonnés de distance en distance le long du marché des Prouvaires, protégeaient les transactions relatives aux denrées alimentaires. Des pelotons de vingt hommes parcouraient les rues, et, après avoir franchi un espace donné, faisaient volte-face et revenaient sur leurs pas, en recommençant le même trajet. Cette opération stratégique semblait avoir pour but d'empêcher les attroupements. En face du Marché au beurre, stationnait une escouade de cuirassiers. Enfin, deux pièces de canon étaient braquées dans la direction des Halles.

Dans le quartier Saint-Denis, l'agitation n'était pas moins grande. Les boutiques, un moment ouvertes, s'étaient fermées dès qu'on eut connaissance de qui s'était passé au Petit-Carreau. Les ouvriers étaient aux portes, les habitants aux fenêtres. Vers dix heures des barricades étaient établies à l'entrée des rues transversales, telles que la rue aux Ours et autres rues voisines. On portait sur une planche le corps d'un jeune ouvrier, n'ayant que son pantalon et sa chemise ; on disait qu'il avait été tué par la garde municipale une demi-heure auparavant. Une tache sanglante sur le devant de la poitrine indiquait l'endroit où il avait été atteint. C'était probablement une des victimes de la barricade du Petit-Carreau. Une vingtaine d'hommes accompagnaient ce triste cortége. — En se rapprochant de la porte Saint-Denis, les barricades devenaient plus nombreuses, toujours à l'entrée des rues transversales ; on n'avait pas essayé de barrer la rue Saint-Denis. Ces barricades étaient généralement formées de voitures renversées, reliées par des planches, et soutenues par des pavés. A la hauteur de la rue Meslay, la circulation était interdite par la troupe de ligne et la garde municipale. Une barricade était formée à chacune des extrémités de cette rue ; mais elles n'étaient pas défendues à ce moment. Une demi-heure après, la fusillade commençait de ce côté ; mais c'est surtout en pénétrant vers la rue Aumaire, la rue Transnonain, la rue Phelippeaux, la rue Beaubourg, que les barricades étaient plus nombreuses et mieux défendues. Il y en avait aussi dans d'autres rues aboutissant à la rue Saint-Martin, à la rue du Temple, à la rue Sainte-Avoie, à la Vieille-Rue-du-Temple.

A onze heures, l'alarme se répandit dans le faubourg Poissonnière, qui, jusqu'à ce moment, avait eu son aspect accoutumé ; les magasins se fermèrent. Les patrons et les commis, si nombreux dans ce quartier de commerce, tenaient conseil sur la conduite à suivre, lorsque le rappel battit. D'abord, peu de gardes nationaux voulaient y répondre : mais bientôt on s'accorda dans cette pensée que la garde nationale devait se montrer pour le rétablissement de l'ordre et faire connaître en même temps ses vœux.

A la porte Saint-Denis, sur quelques points, à la suite des détachements de troupes de ligne regagnant leurs casernes pour aller prendre un peu de repos, on voyait un certain nombre de soldats sans armes. On disait que leurs armes avaient été brisées ou enlevées dans des luttes partielles.

Cependant les boutiques étaient encore ouvertes dans le quartier Vivienne et au Palais-Royal ; la circulation continuait dans les passages, mais les grilles du jardin du Palais-Royal restèrent fermées toute la journée. Le passage fut également interdit sur la place du Carrousel ; toutefois on marchait librement dans la rue de Rivoli. Les abords de la Chambre des Députés étaient garnis de troupes qui interceptaient le pont de la Concorde. La foule était, du reste, peu nombreuse de ce côté, dans la matinée ; mais elle devint plus considérable à l'heure où les députés se réunirent. Il y avait de fortes réserves de troupes, infanterie et cavalerie, dans les Champs-Élysées. On pouvait remarquer que les dispositions stratégiques avaient pour objet de tenir libres la ligne des quais et de la rue de Rivoli jusqu'aux halles par la rue Saint-Honoré, la ligne des boulevards, et de maintenir la communication de la halle aux boulevards par la rue Saint-Denis. La place Vendôme, la place des Victoires, continuaient aussi d'être fortement occupées.

C'est à la garde municipale, comme on l'a vu déjà, que la partie active de la lutte était particulièrement confiée ; cependant la troupe de ligne fut appelée à prendre part à quelques attaques. Rue du Marché-du-Temple, une barricade avait été établie en face de la rue Phelippeaux ; elle était faite de pavés, de tonneaux, de planches, et défendue par des hommes armés de fusils ; elle fut attaquée par la garde municipale et défendue pendant assez longtemps ; plusieurs des défenseurs de la barricade furent blessés. Se voyant au moment d'être tournés par la troupe de ligne, les insurgés finirent par abandonner la barricade.

Un peu plus tard, une attaque était dirigée rue Rambuteau, au coin de la rue Beaubourg, contre une barricade formée par deux diligences et par la guérite de la rue Geoffroy-Langevin. L'attaque fut faite par la troupe de ligne ; une vingtaine de coups de fusil furent tirés, tant par la troupe que par les hommes de la barricade qui se dispersèrent ensuite.

Un des faits les plus tristes de cette journée se passa dans le quartier du Temple. Une barricade avait été établie au coin de la rue Vieille-du-Temple et de la rue Saint-François. Un bataillon de ligne, commandé par un général, reçut l'ordre de l'attaquer; au moment où le général commandait le feu, un officier voulut faire abaisser le canon du fusil de ses soldats avec son épée, mais en vain, la décharge partit, et il y eut quelques blessés. Après avoir fait feu, la troupe se replia dans la rue de l'Oseille ; à ce moment, deux cents gardes nationaux débouchèrent par la rue de Poitou, criant *Vive la réforme !* et accompagnés d'une masse de peuple poussant le même cri. La troupe, croyant à une attaque, tira dans cette direction. Un garde national fut tué, deux autres furent blessés. Cette catastrophe mit fin à la lutte sur ce point. Il est certain d'ailleurs que plusieurs coups de canon chargés à mitraille furent tirés contre les insurgés dans ce quartier.

Près de là, une barricade avait été élevée à l'angle de la rue des Quatre-Fils et de la rue Vieille-du-Temple, à peu de distance de l'Imprimerie royale. Elle fut attaquée par des sapeurs du génie et vigoureusement défendue. A ce moment, le bruit commença à se répandre dans ces quartiers que le ministère était changé. La troupe de ligne criait que tout était fini, et le feu cessa.

Cependant les barricades ne furent pas toutes abandonnées. Les plus fortes et les plus artistement construites restèrent en la possession de plusieurs centaines de jeunes gens entre la rue du Temple et la rue Saint-Martin ; le centre de ce noyau de résistance était la rue Transnonain ; les barricades étaient établies rue Jean-Robert, rue du Cimetière-Saint-Nicolas, rue Montmorency, au coin des rues Grenier-Saint-Lazare et Michel-le-Comte, et en arrière, rue Montmorency, rue Chapon, et rue des Gravilliers. Les jeunes gens renfermés dans cette enceinte, ayant été prévenus par un brigadier de la garde nationale à cheval, que le ministère se retirait et que le roi souscrivait à la réforme électorale et parlementaire, ne crurent pas devoir désarmer. Là, comme ailleurs, quelques-uns des défenseurs de la barricade se rendirent chez des marchands de bois, à qui ils demandèrent du poussier afin, disaient-ils, d'augmenter leurs provisions de poudre.

Nous avons à rapporter plusieurs tristes incidents de cette journée. Rue Saint-Merry, une femme fut tuée par une balle perdue. Rue du Petit-Hurleur, vers dix heures du matin, la foule était nombreuse, mais inoffensive. Un feu de peloton, tiré par la garde municipale, atteignit six personnes. Dans la rue Saint-Denis, plusieurs coups de feu furent dirigés vers les fenêtres. Dans les quartiers qui furent plus particulièrement le théâtre de la résistance, on lisait écrit sur les portes fermées des magasins : *armes données*. Une barricade avait été formée dans la rue Saint-Martin. Une compagnie de soldats de ligne voulait la prendre d'assaut. Un jeune enfant de quinze ans, sautant par-dessus et s'enveloppant d'un drapeau rouge qu'il tenait à la main, se mit à genoux et dit d'une voix résolue : « Tirez si vous voulez. » Aussitôt l'exemple de cet enfant intrépide gagne les citoyens qui se trouvaient derrière; comme d'un commun accord, ils franchissent la barricade, viennent se placer au-devant des fusils, et s'écrient, en découvrant leur poitrine : « Frappez des citoyens désarmés, si vous l'osez. » Les soldats qui les avaient mis en joue relevèrent leurs armes, et refusèrent d'en faire usage. Aussitôt des cris de *Vive la ligne !* éclatèrent de tous côtés.

Un jeune homme avait été arrêté dans un rassemblement sur le boulevard Bonne-Nouvelle et on l'avait conduit dans le poste établi en face du Gymnase. Ses camarades se réunirent en foule devant le poste, le redemandant à grands cris. Les soldats menacèrent de faire feu. « Peu nous importe, s'écrièrent les jeunes gens; faites votre devoir, nous ferons le nôtre. » En dépit des baïonnettes, ils escaladent la façade du poste, pénètrent par la lucarne, délivrent le prisonnier, désarment les soldats, tirent les fusils en l'air et les leur rendent en criant à tue-tête : *Vive la ligne !* aux applaudissements de la foule, émerveillée de cet acte de vaillance et de générosité.

Il nous faut maintenant reprendre le récit des événements dont furent le théâtre les quartiers du boulevard et du Palais-Royal. Depuis le matin, les tambours de la garde nationale avaient battu le rappel dans presque toutes les rues de Paris : on comprenait déjà qu'une solennelle manifestation de la milice citoyenne allait avoir lieu. Un assez grand nombre de gardes nationaux s'étaient rendus honorablement à leur poste aux cris de *Vive la réforme !* chaque légion rivalisait de zèle et de dévouement à la cause populaire. Dans la rue de la Paix, un bataillon de la 2ᵉ légion avait fait une patrouille, en poussant les cris : *Vive la réforme !* auxquels s'associait la foule environnante. Un piquet de cuirassiers arrive. Le capitaine d'état-major qui le guide, donne ordre à ses cavaliers de couper le rassemblement qui suivait la garde nationale. L'officier commandant paraît hésiter un moment ; enfin il refuse. Aussitôt les gardes nationaux et les citoyens entourent les cuirassiers, fraternisent avec eux et échangent des poignées de main. Un autre bataillon de la même légion s'était rendu sur les onze heures devant les Tuileries, dans la rue de Rivoli ; le roi avait envoyé un de ses officiers d'ordonnance s'enquérir de ce que demandaient les gardes nationaux ; on lui avait répondu par les cris de *Vive la Réforme !* et le bataillon avait regagné son quartier, accompagné des acclamations d'une foule considérable de citoyens.

La 3ᵉ légion, rassemblée sur la place des Petits-Pères, était environnée par une multitude immense. Les cris *Vive la Réforme !* étaient poussés à la fois par les gardes nationaux et par les citoyens qui les entouraient. Un escadron de dragons y était accouru pour dissiper ce rassemblement. Les citoyens, brusquement assaillis, invoquèrent la protection des gardes nationaux ; les officiers se jetèrent au-devant des dragons et les invitèrent à rétrograder. Ceux-ci voulurent engager une charge. Alors les gardes nationaux croisèrent la baïonnette, et les dragons, abandonnant leur dessein, reculèrent et descendirent la rue des Bons-Enfants. Des gardes municipaux à pied survinrent ; ils voulurent reprendre l'œuvre à laquelle les dragons avaient renoncé. Les gardes nationaux s'opposèrent une seconde fois à cette résolution, et la garde municipale recula devant cette nouvelle démonstration. L'un des officiers de la garde nationale répétait le cri : *Vive la Réforme!* un garde municipal l'ajusta. L'officier releva le fusil de cet homme avec son épée. Aussitôt les gardes nationaux croisèrent la baïonnette contre les gardes municipaux qui ne tardèrent pas à quitter la place.

A deux heures, devant l'église des Petits-Pères, un demi-escadron de cuirassiers était de planton, et se disposait à charger des citoyens inoffensifs, lorsque le capitaine des voltigeurs de la 3ᵉ légion, mettant le sabre à la main, et s'interposant entre les soldats et la foule, dit : « Halte-là ! on ne passe pas ! Nous sommes ici pour maintenir l'ordre, et tant que nous serons ici, vous n'avancerez pas. Nous répondons de tout sans votre intervention; mais si vous faites un pas, nous résisterons. » A ces nobles paroles, l'escadron tourna bride et force resta aux soldats citoyens. Enfin, la garde nationale de cette même légion se disposait, vers les deux heures, à marcher sur les Tuileries pour faire entendre ses réclamations. Le roi, informé de ces manifestations, s'était décidé à céder au vœu légitime du peuple. Quelques instants après, on sut dans Paris que M. Guizot avait annoncé lui-même, à la tribune de la Chambre des députés, sa démission et la formation d'un autre ministère. A partir de ce moment, sur tous les points et dans presque tous les quartiers à la fois, la scène changea complétement de physionomie. Sur les boulevards, dans les rues, partout la nouvelle était accueillie avec allégresse. Des officiers d'état-major, envoyés avec des détachements de troupes, annonçaient, à haute voix, dans les groupes que le cabinet futur allait inscrire la réforme parlementaire dans son programme; et des applaudissements couvraient leur voix. Partout éclatait la joie la plus vive; on se serrait la main, on s'embrassait comme si l'on venait d'échapper à un danger imminent; on fraternissait avec la troupe; les légions de la garde nationale rentraient dans leurs quartiers respectifs, et leur marche ressemblait à un triomphe.

Sur quelques points cependant il y eut encore de regrettables collisions. Vers cinq heures et demie, une foule immense s'était assemblée rue du Faubourg Saint-Martin, en face de la caserne des gardes municipaux. Nous avons déjà dit que les agressions violentes de ces troupes avaient excité contre elles dans la population une irritation fâcheuse. Au moment même où les masses populaires s'étaient agglomérées devant la caserne, quelques coups de feu partirent des rangs des soldats, qui gardaient la porte, et un homme du peuple fut blessé. Mais la nouvelle du renversement de M. Guizot leur était probablement parvenue, et l'on avait pu voir quelque hésitation dans l'attitude de ces militaires si résolus peu d'heures auparavant.

Une clameur s'éleva dans la foule: « Prenons la caserne, en avant! » En quelques secondes, l'escouade de gardes municipaux fut refoulée avant qu'elle eût eu le temps de songer à se servir de ses armes. Le peuple envahit la cour de la caserne.

Les soldats furent entourés et désarmés. Des gardes nationaux, informés de ce qui se passait sur ce point, accoururent firent évacuer la caserne, et les combattants se contentèrent d'enlever le drapeau de la garde municipale, qu'ils promenèrent triomphalement aux cris de *vive la Réforme!* A quelques pas de là, un chef de bataillon du 34e de ligne, M. de Saint-Hilaire, recevait la mort à la tête de sa troupe.

Le soir, à neuf heures, toutes les maisons étaient illuminées, et les cris de *vive la Réforme!* retentissaient de toutes parts; la foule se pressait sur les boulevards aux abords du ministère des affaires étrangères : là devait se passer un de ces faits marqués du sceau de la destinée, et qui décident de la chute des empires. En effet, le peuple crie : *Illuminez! Vive la Réforme!* et le poste d'infanterie qui gardait l'hôtel de ce ministère, soit qu'il en eût reçu l'ordre, soit que ce fût le résultat d'un malentendu, fait feu, blesse ou tue près de soixante-dix personnes. Aussitôt, à l'enthousiasme succèdent l'indignation, la colère, la soif de la vengeance. Un cri général s'élève : *Nous sommes trahis! aux armes!* on relève en frémissant les blessés et les cadavres, qui sont transportés d'abord aux bureaux du *National*, rue Lepelletier, dans un tombereau funèbre; et de là, le long des boulevards jusqu'à la place de la Bastille où ils demeurent exposés. Dès ce moment, l'issue de la lutte populaire ne fut plus un seul instant douteuse : on ne voulait plus de concessions, mais bien une révolution.

D'immenses préparatifs d'attaque et de résistance se firent pendant toute la nuit. A six heures, à la pointe du jour, Paris présentait un spectacle formidable. Trois mille Rouennais et Havrais, conduisant un fort approvisionnement de munitions de guerre, venaient d'arriver pour prendre part aux combats de la population parisienne. Depuis la catastrophe du boulevard des Capucines, la lutte avait été reprise et n'avait pas cessé un seul instant dans les quartiers Saint-Denis et Saint Martin. Toutes les rues se trouvaient, comme par enchantement, barrées par des barricades énormes, construites de pavés et de voitures. Depuis le boulevard des Italiens jusqu'à la porte Saint-Denis et sur les places publiques, tous les arbres furent coupés, toutes les colonnes renversées, tous les bancs déscellés. Il était évident que les insurgés étaient décidés à soutenir la lutte la plus terrible.

Mais les préparatifs étaient surtout imposants à partir de la rue Saint-Denis; toute la largeur du boulevard était barrée par une barricade solide comme un mur; une barricade plus haute et plus impénétrable encore défendait l'entrée de la rue; des fortifications semblables s'échelonnaient de distance en distance sur le boulevard jusqu'à la Bastille, des deux côtés de la Porte-Saint-Denis, jusqu'à La Chapelle et au bord de l'eau.

Des engagements eurent lieu sur divers points. Bientôt, des troupes débouchèrent sur le boulevard même, à la hauteur de la rue Montmartre. C'était un déploiement de forces considérable. On vit paraître successivement des chasseurs de Vincennes, des dragons, des chasseurs à cheval et de la troupe de ligne. Celle-ci engagea un feu de peloton contre les défenseurs de la barricade élevée à l'entrée du faubourg. A huit heures, les troupes filèrent vers le boulevard Saint-Denis, où se livrèrent des combats encore plus meurtriers.

A neuf heures, le bruit se répand que des pourparlers ont lieu. De nombreux officiers d'ordonnance se croisent sur le chemin du château. Bientôt on apprend d'une manière plus certaine que des propositions sont faites, que des concessions sont accordées. On annonce que M. le maréchal Bugeaud, appelé au commandement supérieur de la garde nationale de la Seine, a été destitué presque aussitôt que nommé, et qu'il a été remplacé par le général de Lamoricière. On parle d'un ministère Thiers et Odilon Barrot. Ces nouvelles sont officiellement confirmées. L'ordre arrive sur les boulevards de suspendre les hostilités. Immédiatement la troupe de ligne renverse ses fusils sur les épaules. Toutes les troupes, stationnées sur les boulevards, défilent au pas devant le peuple, qui les accueille par des vivats. La garde nationale ferme la marche. Elle est saluée par des bravos enthousiastes. En même temps, un autre cortége descend le boulevard en sens inverse. On distingue M. Odilon Barrot, l'un des chefs du ministère désigné, entouré de MM. Horace Vernet en costume d'officier de la garde nationale, Oscar Lafayette, Quinette, et quelques autres membres de la Chambre des députés. Des cris confus se font entendre. La foule se précipite sur les pas du cortége, qui prend la direction de la rue Saint-Denis, pour se diriger vers l'Hôtel de Ville.

Les personnes qui accompagnent M. Odilon Barrot s'efforcent de lui frayer un chemin. La foule résiste. M. Odilon Barrot veut parler ; il ne peut proférer que ces paroles : « Mes bons amis, nos efforts communs l'ont emporté. Nous avons reconquis la liberté, et ce qui vaut mieux, l'honnêteté... » Sa voix est couverte par des cris. « Cela ne nous suffit pas ! Nous avons été trompés trop souvent ! » répond-on de toutes parts. Un homme s'avance dans une attitude énergique. Il fait entendre que les concessions arrivent trop tard. M. Odilon Barrot rebrousse chemin, et il comprend que le caractère de l'insurrection est nettement dessiné. A dix heures et demie, une proclamation signée Odilon Barrot est répandue et affichée; elle est immédiatement lacérée ; le mouvement se poursuit. On marche sur les Tuileries par le Palais-Royal et la place du Carrousel. En ce moment MM. Thiers, Odilon-Barrot, Duvergier de Hauranne et de Rémusat se rendaient aux Tuileries pour y dicter l'abdication de Louis-Philippe. Escortés par le peuple ils sont introduits sur la place du Carrousel par les aides de camp de la garde nationale ; cette place est en ce moment occupée par des caissons de vivres et de munitions, par plusieurs escadrons de cuirassiers et par différentes troupes dont l'aspect morne et abattu attriste les regards. Au château, tout le monde est dans une véritable affliction. Nombre de généraux occupent les salons, demandent des nouvelles, mais ne proposent aucun moyen de sortir d'embarras ; plusieurs membres des deux Chambres sont présents ; MM. Thiers, J. de Lasteyrie, Dupin, É. de Girardin, arrivent successivement pour décider le roi à déposer sa couronne : celui-ci hésite, il n'a pas de papier pour écrire son abdication, on lui en procure ; il n'a pas de plume, on lui en remet plusieurs entre les mains, il les essaye tour à tour, prend le temps d'en tailler une et temporise encore. Le danger devient de plus en plus iminent; on le presse, il se décide enfin. A une heure, la proclamation suivante est affichée.

« Citoyens,

« Abdication du roi.
« Régence de madame la duchesse d'Orléans.
« Dissolution de la Chambre.
« Amnistie générale. »

Quelques instants après, la nouvelle de cette abdication se répand autour du Carrousel ; il était à peu près midi et demi, une centaine de citoyens s'étaient portés sur la place du Palais-Royal, en criant : *aux armes!* et s'étaient avancés vers le poste occupé par un piquet de gardes municipaux et par une compagnie du 14e de ligne. La foule s'accrut, bientôt le général Lamoricière déboucha sur la place, suivi de son aide de camp et de deux officiers d'état-major de la garde nationale, engagea le poste à rendre ses armes et n'obtint aucun résultat. Une barricade formidable s'élevait au coin de la rue de Valois et de la rue Saint-Honoré : une masse de citoyens s'y rangèrent en bataille ; quelques coups de feu partirent, et les soldats y répondirent par une fusillade terrible.

Le peuple et la garde nationale s'y sont battus durant deux heures sans reculer, malgré la grêle de balles qui pleuvait sur eux. Enfin, le poste a été envahi ; les soldats en face de ceux du 14e avaient déjà fraternisé avec le peuple ; aussi ne tarda-t-on pas à se placer dans la cour d'honneur, d'où l'on tirait devant soi dans le Château-d'Eau. Des malheurs irréparables ont été le résultat de cette longue lutte ; des citoyens et des gardes nationaux se sont, à plusieurs reprises, avancés jusqu'au corps de garde, et les balles de leurs frères les y ont malheureusement atteints. Cependant les soldats tiraient toujours par la porte du corps de garde et par les fenêtres. En ce moment les voitures de la cour sont amenées sur la place, et brûlées comme pour un feu de joie. Plusieurs braves s'élancent alors et, protégés par les voitures, continuent leur feu ; le corps de garde résiste encore quoique sa porte soit fermée. On va chercher des matelas dans les appartements dévastés du Palais-Royal et on les livre aux flammes. L'incendie se communique aussitôt au corps de garde où les soldats meurent, ou brûlés, ou asphyxiés, et le peuple n'a plus qu'un seul cri : *Aux Tuileries!*

Dès lors, toute tentative de conciliation devenait inutile. Bientôt le peuple et la garde nationale se présentaient sur la place du Carrousel ; le roi montait à cheval, passait dans les rangs des troupes et de la garde nationale qui occupaient la cour, et partait de Paris, après s'être arrêté quelques instants sur la place de la Concorde. « .... Je vis, dit un témoin oculaire, sortir de la grille des Tuileries, au milieu des cavaliers, et suivis de près par une trentaine de personnes portant différents uniformes, Louis-Philippe, à pied, son bras droit passé dans le bras gauche de la reine sur lequel il s'appuyait assez fortement ; et celle-ci marchait d'un pas ferme en jetant des regards à la fois assurés et colères sur tout ce qui les entourait. Louis-Philippe était en habit noir, avec un chapeau rond et sans aucun insigne. La reine portait le grand deuil. On disait qu'ils se rendaient à la Chambre des députés pour y déposer l'acte d'abdication. Malgré l'avis qu'on avait donné de cette abdication, des cris se firent entendre : on distinguait ceux de *Vive la réforme! Vive la France!* et deux ou trois voix y mêlèrent ceux de *Vive le roi!* Dès qu'on eut dépassé le terrain qui formait autrefois le Pont-Tournant, et à peine parvenus à l'asphalte qui entoure l'Obélisque, Louis-Philippe, la reine et le groupe tout entier s'arrêtèrent, sans que rien en indiquât la nécessité. Tout à coup ils furent enveloppés, tant des personnes à pied que de celles à cheval, et tellement pressés qu'ils n'avaient plus la liberté de leurs mouvements. Louis-Philippe parut effrayé de cette soudaine approche.

« En effet, la place était fatalement choisie par le hasard, et cette halte prenait une étrange signification : à quelques pas de là, un roi Bourbon eût été bien heureux de n'éprouver qu'un traitement semblable ! Louis-Philippe se retourna vivement, en quittant le bras de la reine, prit son chapeau, le leva en l'air et prononça une phrase que le bruit qui se faisait empêcha d'entendre. On criait, sans articuler d'opinion, les chevaux caracolaient autour du groupe ; le pêle-mêle était général. La reine s'alarma de ne pas sentir le bras qu'elle soutenait, et se retourna avec une extrême vivacité, en parlant de même. Je crus devoir alors lui dire : « *Madame, ne craignez rien ; continuez, les rangs vont s'ouvrir devant vous.* » Le trouble où elle était lui fit-il mal interpréter mon intention et mon mouvement ? Je l'ignore ; mais en repoussant ma main : « *Laissez-moi!* » s'écria-t-elle avec un accent des plus irrités. Puis elle saisit le bras de Louis-Philippe, et ils retournèrent sur leurs pas à très-peu de distance de là, où stationnaient deux petites voitures noires, basses, et attelées chacune d'un cheval. Deux très-jeunes enfants se trouvaient dans la première. Louis-Philippe prit la gauche : la reine la droite ; les enfants se tinrent debout, le visage collé sur la glace et regardant le public avec une attention curieuse. Le cocher fouetta vigoureusement; la voiture s'enleva plutôt qu'elle ne partit ; elle passa devant moi, et déjà elle était entourée et suivie de toute la cavalerie présente, gardes nationaux, cuirassiers et dragons, lorsque la seconde voiture, où se placèrent deux dames, que l'on disait des princesses, essaya de rejoindre la première. L'escorte était nombreuse : il m'a semblé qu'on pouvait l'évaluer à deux cents hommes. »

Pendant que Louis-Philippe sortait ainsi de sa capitale, et bientôt après de son royaume, madame la duchesse d'Orléans, accompagnée du comte de Paris et du duc de Chartres, du duc de Nemours et du duc de Montpensier, se rendait à la Chambre des députés, escortée par la foule du peuple. La séance s'était ouverte déjà depuis plus d'une heure, au milieu d'une agitation inexprimable. M. de Cambacérès avait demandé que la Chambre restât en permanence jusqu'à la fin de la crise, lorsqu'on annonce madame la duchesse d'Orléans et le comte de Paris : ils entrent aux acclamations des centres. Mais bientôt ces acclamations cessent, à la vue d'un grand nombre de personnes étrangères qui pénètrent aussi dans la salle et se tiennent debout dans les deux couloirs. Une grande anxiété se peint sur toutes les physionomies. M. Dupin paraît à la tribune pour proclamer l'abdication de Louis-Philippe en faveur du comte de Paris, avec la régence de sa mère. Quelques *bravos* se font entendre; mais des voix nombreuses à gauche et à l'extrême gauche s'écrient : *Un gouvernement provisoire!* M. Dupin veut poursuivre ; M. Sauzet, président, essaie de dévier la discussion. Mais à gauche et à droite, ainsi que de la part des spectateurs qui sont entrés dans les couloirs, la protestation est générale. M. Odilon Barrot arrive entouré d'un grand nombre de députés : M. Marie est à la tribune et demande qu'un gouvernement provisoire soit constitué sur-le-champ ; M. Crémieux appuie éloquemment cette motion, approuvée par les tribunes, pleines d'hommes du peuple, comme durant les grandes journées de notre première révolution. Vainement M. Odilon-Barrot a-t-il le courage de défendre les prétendus droits de la couronne représentés par la régence de la duchesse d'Orléans; la foule, de plus en plus compacte dans les couloirs et les tribunes, s'écrie : *La déchéance! Vive la Ré-*

publique ! Au milieu de ce tumulte, des cris plus menaçants s'étaient fait entendre. Un grand nombre de députés s'étaient précipités au-devant de la duchesse d'Orléans et de ses enfants comme pour les protéger. Bientôt on jugea prudent de les faire évader par un couloir particulier. Les ducs de Nemours et de Montpensier s'échappèrent aussi, dit-on, à la faveur d'un déguisement. Un citoyen, en costume d'officier de la garde nationale, monte à la tribune et pose sur le marbre la hampe d'un drapeau tricolore. « Messieurs, s'écrie-t-il, le peuple a « reconquis son indépendance et sa liberté, aujourd'hui « comme en 1830 ; vous savez que le trône vient d'être brisé « aux Tuileries et jeté par la fenêtre. » Mille cris s'élèvent alors : *Plus de Bourbons ! à bas les traîtres ! un gouvernement provisoire immédiatement !* — Beaucoup de députés sortent. M. Ledru-Rollin se fait l'organe de la volonté populaire, en paraphrasant le texte de la constitution de 1791. M. Berryer, s'adressant à l'orateur : *Concluez ; nous connaissons l'histoire.* La parole est enfin à M. de Lamartine :

« Messieurs, j'ai partagé aussi profondément que qui que ce soit parmi vous le double sentiment qui a agité tout à l'heure cette enceinte en voyant un des spectacles les plus touchants que puissent présenter les annales humaines, celui d'une princesse auguste se défendant avec son fils innocent, et venant se jeter du milieu d'un palais désert au milieu de la représentation du peuple. (Très-bien ! très-bien ! — Écoutez ! écoutez !) Mais, messieurs, si je partage l'émotion qu'inspire ce spectacle attendrissant des plus grandes catastrophes humaines, si je partage le respect qui vous anime tous, à quelque opinion que vous apparteniez, dans cette enceinte, je n'ai pas partagé moins vivement le respect pour ce peuple glorieux qui combat depuis trois jours pour redresser un gouvernement perfide, et pour rétablir sur une base désormais inébranlable l'empire de l'ordre et l'empire de la liberté. (Applaudissements.) Messieurs, je ne me fais pas l'illusion qu'on se faisait tout à l'heure à cette tribune ; je ne me figure pas qu'une acclamation spontanée arrachée à une émotion et à un sentiment publics puisse constituer un droit solide et inébranlable pour un gouvernement de 35 millions d'hommes. Je sais que ce qu'une acclamation proclame, une autre acclamation peut l'emporter, et quel que soit le gouvernement qu'il plaise à la sagesse et aux intérêts de ce pays de se donner, dans la crise où nous sommes, il importe au peuple, à toutes les classes de la population, à ceux qui ont versé quelques gouttes de leur sang dans cette lutte, d'en cimenter un gouvernement populaire, solide, inébranlable enfin. (Applaudissements.)

Eh bien, messieurs, comment le faire? Comment le trouver parmi ces éléments flottants, dans cette tempête où nous sommes tous emportés, et où une vague vient surmonter à l'instant même la vague qui vous a apportés jusque dans cette enceinte? Comment trouver cette base inébranlable? en descendant dans le fond même du pays, en allant extraire, pour ainsi dire, ce grand mystère du droit national (Sensation profonde), d'où sort tout ordre, toute vérité, toute liberté.

C'est pour cela que je viens appuyer de toutes mes forces la double demande que j'aurais faite le premier à cette tribune, si on m'y avait laissé monter au commencement de la séance, la demande, d'abord d'un gouvernement, je le reconnais, de nécessité, d'ordre public, de circonstance, d'un gouvernement qui étanche le sang qui coule, d'un gouvernement qui arrête la guerre civile entre les citoyens... (Acclamations.) D'un gouvernement qui suspende ce malentendu terrible qui existe depuis quelques années entre les différentes classes de citoyens, et qui, en nous empêchant de nous reconnaître pour un seul peuple, nous empêche de nous aimer et de nous embrasser. (Très-bien! très-bien!)

« Je demande donc que l'on constitue à l'instant, du droit de la paix publique, du droit du sang qui coule, du droit du peuple qui peut être affamé du glorieux travail qu'il accomplit depuis trois jours, je demande que l'on constitue un gouvernement provisoire.... (Bravo! bravo!), un gouvernement qui ne préjuge rien, ni de nos droits, ni de nos ressentiments, ni de nos sympathies, ni de nos colères, sur le gouvernement définitif qu'il plaira au pays de se donner quand il aura été consulté. Je demande donc un gouvernement provisoire. »

De toutes parts. « Les noms des membres du gouvernement provisoire! » (Plusieurs personnes présentent une liste à M. de Lamartine.) A ce moment, on entend retentir du dehors des coups violents aux portes de l'une des tribunes publiques. Les portes cèdent bientôt sous des coups de crosse de fusil. Des hommes du peuple mêlés de gardes nationaux y pénètrent en criant : *A bas la Chambre! pas de députés!* Un de ces hommes abaisse le canon de son fusil dans la direction du bureau. Les cris « Ne tirez pas ! ne tirez pas! c'est M. de Lamartine qui parle! » retentissent avec force. Sur les instances de ses camarades, l'homme relève son fusil. M. le président, qui est resté au fauteuil, réclame le silence en agitant violemment sa sonnette. Le bruit et le tumulte acquièrent la plus grande intensité.

« Puisque je ne puis obtenir le silence, dit M. Sauzet, je déclare la séance levée ; » et il quitte le fauteuil.

Ici l'assemblée de la Chambre des députés cesse ; mais le peuple armé de fusils, de sabres, mêlé aux gardes nationaux, et un certain nombre de députés, principalement de députés de la gauche, restent dans la salle.

Un grand nombre de voix. Un autre président! Dupont de l'Eure ! Dupont de l'Eure !

Après quelques instants de tumulte, M. Dupont de l'Eure monte au fauteuil, soutenu par M. Carnot. Il est entouré d'un grand nombre de personnes étrangères à la Chambre.

M. de Lamartine est toujours à la tribune.

Voix nombreuses. Les noms! les noms des membres du Gouvernement provisoire! — M. de Lamartine s'efforce de dominer le bruit, que ses exhortations ne parviennent pas à calmer.

Voix nombreuses. Dupont de l'Eure ! Dupont de l'Eure!

D'autres voix. Il est au fauteuil ! Silence ! Écoutez-le !

M. DE LAMARTINE, *au milieu du bruit.* Je vais lire les noms.... *Un homme armé d'un fusil.* Nous ne demandons qu'un moment de silence ; nous voulons seulement entendre les noms des personnes qui composeront le Gouvernement.

Une autre personne. Du silence dépend le salut de tous. Je le réclame pour qu'on puisse entendre M. Dupont de l'Eure. *Une voix.* M. Dupont de l'Eure avant tout! *Une autre voix.* Vive la république! (Beaucoup de personnes pressent et entourent M. de Lamartine et l'engagent à attendre le rétablissement du silence pour parler.) « Au nom du peuple, s'écrie l'une d'elles, du silence ! Laissons parler M. de Lamartine. »

M. DE LAMARTINE. Un moment de silence, messieurs !

Messieurs, la proposition qui a été faite, que je suis venu soutenir et que vous avez consacrée par vos acclamations à cette tribune, elle est accomplie. Un gouvernement provisoire va être proclamé nominativement. (Bravo! bravo! — Vive Lamartine!) Maintenant, messieurs...

Voix nombreuses. Nommez les membres! nommez-les!

M. DE LAMARTINE. On va les nommer. (Recrudescence de tumulte. M. de Lamartine, après avoir attendu quelques instants que le calme se rétablisse, se retire sur le derrière de la tribune.)

M. DUPONT DE L'EURE. On vous propose de former le Gouvernement provisoire. (Oui! oui. — Silence!) Voici les noms! (Silence!) Arago, Lamartine, Dupont de l'Eure, Crémieux...

M. DE LAMARTINE. Silence, messieurs! Si vous voulez que les membres du Gouvernement provisoire acceptent la mission que vous leur avez confiée, il faut au moins que la proclamation en soit faite. Notre honorable ami ne peut se faire entendre au milieu de ce bruit.

Un citoyen. Il faut qu'on sache que le peuple ne veut pas de royauté. La république! *Plusieurs voix.* Délibérons immédiatement! *Une voix.* Assis! assis! allons nous asseoir! Prenons la place des vendus! *D'autres voix.* Des ventrus! *D'autres voix encore.* Des corrompus!

(Les hommes du peuple, les étudiants, les élèves de l'École polytechnique, les gardes nationaux, etc., qui étaient jusque-là restés debout dans l'hémicycle ou pressés sur les marches de la tribune et du bureau, s'asseoient, en riant et en criant, sur les bancs des ministres et des députés du centre, comme pour assister et procéder à une délibération régulière.)

Un citoyen, en agitant un drapeau. Plus de Bourbons! un Gouvernement provisoire, et ensuite la république! *Un homme du peuple.* A bas les Bourbons! les cadets comme les aînés! *Un autre homme du peuple.* Oh! de jolis cadets!

Une voix. Un moment de silence, sinon nous n'aboutirons à rien. *Une autre voix.* Nous demandons qu'on proclame la république!

M. Dupont de l'Eure lit successivement les noms suivants :

M. de Lamartine. (Oui! oui!) M. Ledru-Rollin. (Oui! oui!) M. Arago. (Oui! oui!) M. Dupont (de l'Eure). (Oui! oui!) *Une voix.* M. Bureaux de Pusy! M. Bureaux de Pusy fait un geste de refus.

M. DUPONT DE L'EURE. M. Marie. (Oui! oui! — Non!)

Quelques voix. Georges Lafayette. (Oui! — Non! non!)
Voix nombreuses. La république! la république!
Un citoyen. Il faut que les membres du Gouvernement provisoire crient *Vive la république!* avant d'être nommés et acceptés. *Un autre.* Je demande la destitution de tous les députés absents. *Un autre.* Il faut conduire le Gouvernement provisoire à l'Hôtel de Ville. Nous voulons un gouvernement sage, modéré, pas de sang! mais nous voulons la république!
Une voix. A l'Hôtel de Ville, Lamartine en tête!

M. de Lamartine sort de la Chambre accompagné d'un grand nombre de citoyens. Après son départ, le tumulte continue dans la portion de la foule qui reste, disséminée sur les bancs de la Chambre, dans l'hémicycle et dans les couloirs.

Cris nombreux. A l'Hôtel de Ville! *Un élève de l'école polytechnique.* Vous voyez qu'aucun des membres de votre gouvernement provisoire ne veut la république! Nous serons trompés comme en 1830. *Plusieurs voix.* Vive la république!
Autres voix. Vive la république! — A l'Hôtel de Ville!

La foule qui avait envahi la salle commence à diminuer.

Un jeune homme s'efforce, sans pouvoir y parvenir, de se faire entendre à la tribune. Un citoyen monte sur le marbre de la tribune en brandissant une arme. On crie : *Vive la république! Partons pour l'Hôtel de Ville!*

Quelqu'un appelle tout à coup l'attention sur le grand tableau placé au-dessus du bureau et derrière le fauteuil de la présidence, qui représente la prestation de serment de Louis-Philippe à la Charte, et les cris : *Il faut le déchirer! il faut le détruire!* se font immédiatement entendre. Des hommes qui sont montés sur le bureau se disposent à donner des coups de sabre et d'épée dans le tableau. Un ouvrier, armé d'un fusil double, qui se trouve dans l'hémicycle, s'écrie : *Attendez! je vais tirer sur Louis-Philippe!* Au même instant deux coups de feu éclatent.

Un autre ouvrier s'élance immédiatement à la tribune, et prononce ces mots : « Respect aux monuments! respect aux propriétés! Pourquoi détruire? pourquoi tirer des coups de fusil sur ces tableaux? Nous avons montré qu'il ne faut pas mal mener le peuple; montrons maintenant que le peuple sait respecter les monuments et honorer sa victoire! » Ces paroles, prononcées avec énergie et une véritable éloquence, sont couvertés d'applaudissements. On s'empresse autour du brave ouvrier, et on lui demande son nom. Il déclare se nommer Théodore Six, ouvrier tapissier.

Tout le monde se retire. La salle est bientôt complétement évacuée. Il était quatre heures. En ce moment le peuple brûlait le trône, sur la place de la Bastille, au pied de la colonne de Juillet, après l'avoir promené le long du boulevard. Depuis deux heures la lutte avait cessé dans Paris, la ville entière était maîtresse d'elle-même ; les troupes s'étaient retirées. Le peuple était entré à flots dans le Palais-Royal, aux Tuileries, et stationnait sur la place de l'Hôtel de Ville, devenu désormais le siége du nouveau Gouvernement, mais l'ordre était strictement observé sur tous les points; les barricades, élevées au coin de chaque rue, étaient gardées par des citoyens armés, qui montraient une modération digne de leur héroïsme ; c'est dans cette noble attitude que s'accomplirent simultanément la déchéance de la royauté et l'inauguration de la République française, avec cette devise sublime : *Liberté! Égalité! Fraternité!* Les membres du Gouvernenement provisoire, MM. Dupont (de l'Eure), Arago, Lamartine, Ledru-Rollin, Marie, Crémieux, Garnier-Pagès, Louis Blanc, A. Marrast, Ferdinand Flocon et Albert, ouvrier, devinrent les réalisateurs de cette nouvelle formule sociale et politique, et furent momentanément chargés des destinées de la patrie, qui sera bientôt appelée à consacrer elle-même cette œuvre gigantesque.

Le Gouvernement provisoire, à peine arrivé à l'Hôtel de Ville, entre immédiatement en fonctions : il publie dans une séance qui a duré près de soixante heures, divers décrets constitutifs, par lesquels il proclame la république, la dissolution de la Chambre des députés et de la Chambre des pairs; la mobilisation de vingt-quatre bataillons de garde nationale, et la prochaine convocation d'une Assemblée nationale; il ordonne la mise en liberté de tous les détenus politiques, l'arrestation des déserteurs et la réorganisation des gardes nationales dissoutes. En même temps, il annonce la prise des forts de Vincennes et du Mont-Valérien ; décide que le million qui va échoir de la liste civile sera distribué aux ouvriers blessés, et que les enfants des combattants morts pour la patrie seront adoptés par elle. Après un admirable discours de M. de Lamartine, la peine de mort, en matière politique, est abolie ; enfin, on adopte les trois couleurs comme elles étaient disposées sous la république, et on renonce au drapeau rouge, grâce aux belles paroles de M. de Lamartine, prononcées devant la multitude pressée sur la place de l'Hôtel de Ville. — « Le drapeau « tricolore, citoyens, a fait le tour du monde avec la république « et l'empire, avec nos libertés et nos gloires ; quant au dra- « peau rouge, il n'a fait que le tour de Champ-de-Mars, traîné « dans les flots de sang du peuple. » Après cette noble victoire de la raison et de l'éloquence, de nouvelles colonnes s'avancent, armées de sabres et de baïonnettes ; elles frappent aux portes ; elles s'accumulent dans les salles. On s'écrie que tout est perdu, que le peuple va tirer, qu'il va étouffer les membres du gouvernement provisoire. On demande M. de Lamartine. On le supplie d'aller encore une fois, une dernière fois, faire entendre sa voix à la multitude en fureur. On l'élève sur une marche d'escalier : la foule reste une demi-heure sans vouloir l'entendre, vociférant, brandissant les armes de toute nature au-dessus de sa tête. M. de Lamartine se croise les bras, reprend la parole et finit par attendrir, dompter, ce peuple intelligent et sensible, et par le déterminer ou à se retirer ou à servir lui-même de sauvegarde au gouvernement provisoire.

Pendant que le gouvernement se livrait à ces rudes labeurs, la garde nationale et les vainqueurs travaillaient, de concert, à assurer l'ordre et la sécurité dans la capitale. Le peuple, véritable souverain, continuait d'occuper les Tuileries, et recueillait avec soin tous les objets précieux que la royauté y avait laissés ; c'est ainsi que les joyaux de la couronne furent apportés à la mairie du troisième arrondissement ; Tous ces hommes firent assaut de probité ; on écrivit sur les murs : *les voleurs seront punis de mort;* terrible justice qui reçut maintes applications : enfin, le peuple, ayant trouvé un magnifique Christ sculpté, s'arrêta et s'inclina : Mes amis, dit un élève de l'École Polytechnique, « *voilà notre maître à tous !* » Le peuple prit le Christ et le porta solennellement à l'église Saint-Roch. « *Citoyens, chapeau bas! saluez le Christ !* » disait le peuple, et chacun de se prosterner. Les Tuileries appartiendront désormais au peuple, le gouvernement les ayant consacrés aux invalides du travail.

Au milieu du tumulte de la bataille et de la victoire, sans doute, on a eu à regretter quelques actes de vandalisme ;

la population a vu avec chagrin l'incendie du Palais-Royal et du château de Neuilly, la destruction de quelques ponts et de plusieurs embarcations de chemins de fer ; mais le véritable peuple de Paris est innocent de ces excès, et il, faut le dire, les vainqueurs ont le droit d'être aussi fiers de leur magnanimité que de leur courage.

Du reste le calme et la confiance étaient rétablis. La foule des citoyens inondait la ville comme en un jour de fête. Le soir toutes les rues furent illuminées. De toutes parts retentirent les détonations des armes à feu ; non plus pour annoncer le combat, mais en signe de joie.

Le lendemain, 26 février, la circulation devint libre, les magasins se rouvrirent, les affaires reprirent leur cours ; la justice se rendit au nom de la République, divers corps de la garde nationale furent passés en revue, les mairies furent reconstituées, et les ministères réorganisés pour les services les plus pressants. L'administration renaissait de ses ruines ; en même temps que toutes les forces actives de la population unissaient leurs efforts pour reconstituer le nouveau gouvernement de la France.

Le lendemin, la Révolution se consommait dans une admirable manifestation, dont le journal officiel du Gouvernement nous a donné le récit détaillé et plein d'intérêt. Dès le 26 au soir, deux bataillons par chaque légion de la garde nationale avaient été convoqués. Tout le monde fut à son poste et se rendit avec enthousiasme sur cette immortelle place de la Bastille, qui remplit plus d'une noble page d'histoire de la Révolution. Les combattants, encore armés, et qui, depuis plusieurs jours, partageaient avec les gardes nationaux tous les services d'ordre et de sécurité publique, ajoutaient encore au nombre de cette milice populaire, et témoignaient ainsi de l'union fraternelle commencée sous les feux du combat, et cimentée par la victoire.

Les membres du Gouvernement provisoire sont partis de leur salle de délibération à deux heures précises ; ils ont descendu le grand escalier de l'hôtel au milieu d'un nombreux concours de citoyens, la garde présentant les armes, et le tambour battant aux champs. Les cris de *Vive la République!* poussés par la foule enthousiaste, ont bientôt retenti dans toute la place, encombrée d'une multitude infinie. — Le cortége aussitôt s'est ébranlé. En tête, marchaient un détachement de la garde nationale à cheval ; puis, les élèves de l'École d'état-major. Ils étaient suivis par une légion de la garde nationale, où se mêlaient beaucoup d'autres citoyens dont les armes et le costume étaient comme le signe vivant de la révolution accomplie. Entre les compagnies de cette légion, marchaient les jeunes gens de nos écoles, dont la bravoure et le dévouement relèvent l'intelligence et le patriotisme.

Les membres du Gouvernement provisoire venaient ensuite, en habit noir, avec l'écharpe tricolore et la rosette rouge à la boutonnière. Tous ces élus de l'insurrection ont été salués par les acclamations les plus vives. Les officiers de Saint-Cyr les précédaient immédiatement, et un détachement des élèves de l'École polytechnique, l'épée nue, formaient la haie. Derrière eux, se pressait une masse immense qui a été grossissant jusqu'à la fin. La cour de cassation, la cour d'appel ; le général Bedeau, commandant la division militaire ; des officiers de l'armée et de marine, des fonctionnaires des autres départements, s'étaient rendus sur la place de la Bastille, où la foule accumulée se serrait autour de la colonne de Juillet, dont le sommet était pavoisé d'étendards aux trois couleurs. Le temps, qui avait été jusque-là pluvieux, s'est éclairci, et le soleil a voulu éclairer de ses rayons cette première fête de la République.

Arrivés au pied de la colonne, les membres du Gouvernement provisoire se sont rangés sur une file, pendant que la musique jouait *la Marseillaise*. Les drapeaux se sont placés en face d'eux. Après un roulement de tambours, M. Arago a pris la parole ; il a, d'une voix forte, annoncé au peuple assemblé que le Gouvernement provisoire avait cru de son devoir de proclamer solennellement la République devant l'héroïque population de Paris, dont l'acclamation spontanée avait déjà consacré cette forme de gouvernement. La sanction de la France entière y manque sans doute encore ; mais nous espérons qu'elle ratifiera le vœu du peuple parisien, qui a donné un nouvel et magnifique exemple de son courage, de sa puissance et de sa modération. Il tient à prouver à la patrie et au monde qu'il n'a pas seulement l'instinct de ses droits, mais qu'il en possède aussi l'intelligence et la sagesse. Calme et fort, énergique et généreux, le peuple de Paris peut être présenté à la France comme un de ses titres d'orgueil. Il semble avoir laissé tomber dans le plus dédaigneux oubli une royauté malfaisante pour ne s'occuper que des grands intérêts, qui sont ceux de tous les peuples, des principes immortels qui vont devenir pour eux la loi morale de la politique et de l'humanité.

« Citoyens! s'est écrié M. Arago avec enthousiasme, répétez avec moi ce cri populaire : *Vive la République!* » Tous les membres du Gouvernement provisoire se sont découverts, les drapeaux se sont inclinés; et, au bruit des tambours battant aux champs, au bruit des trompettes et de la musique s'est joint cet autre bruit immense du peuple qui couvrait tous les autres : *Vive la République!*

Le vénérable président du conseil, M. Dupont de l'Eure, a remercié alors la population de Paris des immenses services qu'elle avait rendus à la patrie; des bravos répétés ont accueilli ses paroles simples et fermes. L'enthousiasme a augmenté encore, quand M. Arago a dit avec émotion : « *Citoyens, ce sont quatre-vingts ans d'une vie pure et patriotique qui vous parlent!* » — *Oui! oui! vive Dupont de l'Eure!* Et celui-ci ayant répondu en s'écriant : *Vive la République!* ce cri s'est prolongé pendant plusieurs minutes.

M. Crémieux, dans de chaleureuses paroles, a invoqué la mémoire des braves citoyens morts à la révolution de Juillet, et dont les noms sont gravés sur le bronze de la colonne. Cette journée doit consoler leurs âmes affligées pendant dix-huit ans. Nul ne pourra désormais enlever au peuple les fruits de sa conquête. Le Gouvernement républicain dérive du peuple, et il s'y appuie. Toutes les distinctions de classes sont effacées devant l'égalité, tous les antagonismes se calment et disparaissent par cette fraternité sainte qui fait, des enfants d'une même patrie, les enfants d'une famille, et de tous les peuples des alliés. Ces paroles ont été interrompues par les applaudissements les plus vifs.

Le général Courtais, commandant de la garde nationale, a fait alors commencer le défilé; mais la foule était tellement entassée, qu'elle rompait les rangs; elle défilait ainsi devant le Gouvernement provisoire, et, à chaque instant, les cris de *Vive la République!* retentissaient avec éclat. Il a fallu plus d'une heure pour le défilé de la 1re et de la 2e légions. Les membres du Gouvernement provisoire se sont alors mis en marche afin de passer devant le front des autres légions échelonnées le long des boulevards.

Depuis la place de la Bastille jusqu'à la hauteur du faubourg Poissonnière, ce n'a été qu'un seul cri dont l'écho se prolongeait au milieu d'une foule innombrable. Le peuple de Paris semblait vouloir prendre à témoin le ciel et la terre, et il consacrait la *République française* par les accents les plus vigoureux que le désir et la conviction aient jamais arrachés à des poitrines humaines. Toutes ces figures avaient le caractère de la confiance et de la joie, non pas d'une joie emportée et frivole, mais d'une joie sereine et réfléchie. Quand on se retournait du haut du boulevard Saint-Denis, on apercevait, marchant derrière le Gouvernement provisoire, une masse de citoyens, énorme, immense, qui remplissait la grande voie dans toute sa largeur, et qui s'étendait jusqu'à perte de vue. C'était le plus imposant spectacle; rien n'égale les pompes que donne la présence du peuple, rien n'est comparable à sa majesté.

Cette journée est désormais inscrite au nombre de celles qui laissent dans l'histoire les traces qu'on aime le mieux à retrouver. Ce peuple, si indigné, il y a trois jours, si animé de toute la chaleur de la bataille, était là aujourd'hui tout entier, mêlant, confondant ses impressions, n'éprouvant plus qu'un sentiment de concorde, et s'abandonnant à toutes les espérances d'un avenir de grandeur et de prospérité avec une confiance qui, cette fois, du moins, ne sera pas trompée !

On peut le dire avec un juste orgueil, le Gouvernement, appuyé sur cette force populaire, sera le plus puissant des gouvernements. En servant la France, il servira toutes les nations de l'Europe; le peuple de Paris a ouvert une ère nouvelle ; la République française fait reprendre à notre patrie le cours glorieux de ses destinées; elle lui rend l'initiative du progrès; elle vient enfin au secours du temps et des idées qui préparent peu à peu les États unis de l'ancien continent.

IMPRIMERIE CLAYE ET TAILLEFER, RUE SAINT-BENOIT, 7.

IMPRIMERIE CLAYE ET TAILLEFER,
RUE SAINT-BENOIT, 7.

www.ingramcontent.com/pod-product-compliance
Lightning Source LLC
Chambersburg PA
CBHW060511050426
42451CB00009B/925